L'horoscope
de votre chat

D0668582

Martine Garetier

L'horoscope
de votre chat

Pour mieux connaître et comprendre
son compagnon préféré

De Vecchi

Les dessins de la couverture et
de l'intérieur sont de Bernard Ciccolini.

© 2008 - Éditions De Vecchi S.A. – Paris

Votre animal familier
et l'astrologie

À chaque instant, à chaque minute, une naissance se produit : enfant, animal, société, plante, rencontre, événement... et il est donc possible d'établir un thème pour chacun de ces instants significatifs pour nous.

L'analyse de ce thème donnera les tenants et aboutissants de ce qui sera né à cet instant précis et l'on pourra étudier son évolution dans le temps.

Il est relativement fréquent de faire établir le thème de notre naissance ou de celle de nos enfants.

Pourquoi ne pas faire établir le thème de notre animal de compagnie ? Celui qui partage nos jours, nos nuits, nos joies, nos peines.

Nombreuses sont les personnes qui ont recours à l'Astrologie lorsque un souci les préoccupe, lorsqu'elles ont une décision à prendre ou tout simplement pour savoir un peu à l'avance ce qu'elles peuvent attendre de l'année à venir.

Chien, chat, cheval, oiseaux… ne sont pas différents de nous au regard de l'Astrologie.

Eux aussi ont une date de naissance, eux aussi vivent sous le même ciel étoilé que nous, eux aussi ont des moments de joie et des moments de peine, eux aussi ont leur petit caractère et un potentiel différent les uns des autres selon le Ciel sous lequel ils sont nés.

Qu'il soit homme, femme, animal…, un Bélier restera toujours un Bélier et une de ses qualités premières sera le courage. Par exemple, si votre animal familier est né sous le signe de la Balance, il sera particulièrement sociable.

Dans les pages qui suivent vous pourrez découvrir les 12 signes du zodiaque pour les chats : qui ils sont, ce qu'ils aiment, comment les rendre heureux…

Si vous connaissez le jour exact de naissance de votre animal favori, il vous sera possible de faire établir son thème qui prendra en compte toutes les planètes du système solaire.

Si vous connaissez aussi l'heure et le lieu de naissance de votre animal de compagnie*, le thème indiquera aussi les Maisons, dont le fameux Ascendant.

Dans tous les cas, il pourra être fort utile d'étudier son thème à des moments critiques de sa vie ou de sa relation avec vous, conjointement ou non avec votre propre thème.

L'étude d'un thème n'a pas la prétention de dispenser d'une visite chez un vétérinaire, chez un dresseur... et pourra parfois même vous recommander d'aller consulter ces Hommes de l'Art pour le bien de votre animal, mais elle vous aidera à comprendre le pourquoi d'un changement de comportement par exemple et à quel moment votre animal retrouvera son heureuse humeur habituelle.

---

* *Ce qui est de l'ordre du possible quand votre animal vous a été donné par des amis, un éleveur.*

Si vous ne connaissez pas la date de naissance de votre animal préféré, en lisant les caractéristiques des douze signes différents, vous arriverez à trouver un voire deux signes qui semblent lui correspondre en grande partie ; vous aurez certainement trouvé ainsi son signe solaire et peut-être aussi son Ascendant ou un signe particulièrement chargé en planètes dans son thème de naissance.

Je vous souhaite de passer d'aussi agréables moments à la lecture de ce livre que j'en ai passé à l'écrire.

Horoscope des chats

Au moment de la naissance de votre ami, le Soleil était dans le signe du Bélier

Voici un maître chat qui a toutes les qualités d'un chef, d'un leader.

Il a le sens inné du commandement et se fait très bien à l'idée d'être le chef de bande des chats de votre quartier. Vous avez certainement dû d'ailleurs soigner quelques blessures lors de sa « prise de pouvoir ».

Il est très courageux, excessivement dynamique, énergique, audacieux et aventureux.

Si vous aviez pensé en faire un chat de salon calme, ronronnant et sommeillant toute la journée, vous vous êtes trompé ! D'autant plus qu'il a quelques difficultés à obéir malgré son côté franc et carré.

N'essayez pas de l'empêcher de sortir : vous découvririez que cela s'avère impossible ou pour le moins très pénible tant pour vous que pour lui. Il a absolument besoin de mouvement et d'action pour être heureux.

Il est très impulsif et peut assez facilement se mettre en colère si on l'embête. Attention à ses griffes : il est très rapide pour « dégainer ».

Si vous avez des enfants, il vous faut leur apprendre à reconnaître rapidement les symptômes de son énervement. Les autres animaux, quant à eux, sauront très vite l'éviter dans ces moments-là. Si vous en avez chez vous, ils conviendront d'un pacte de non-agression dans des territoires définis par votre adorable matou.

En revanche, vous devrez particulièrement veiller à ce qu'il ne s'attaque pas à plus gros que lui : son courage étant très grand et ses instincts combatifs importants, il aura l'impression de ne pas être en danger, même en face d'un énorme chien qu'il ne connaît pas.

Très indépendant, il aime bien les changements et verra d'un très bon œil les week-ends à la campagne, là où se trouvent d'autres choses à découvrir, d'autres animaux à pourchasser ou à dominer.

Il a une intelligence très vive et vous n'aurez pas à répéter dix fois la même chose pour qu'il comprenne sauf, bien sûr, s'il a décidé que ce que vous voulez ou attendez de lui ne lui convient pas : alors là…

Ses sentiments sont très passionnés et il est très démonstratif dans ses marques d'affection, tant à votre égard qu'à l'égard des petites chattes qui retiennent son attention. Il a d'ailleurs une préférence pour les petites chattes abandonnées ou malheureuses.

En revanche, même s'il tient réellement beaucoup à vous, il ne faut pas lui demander de passer des heures à ronronner dans vos bras : ce n'est pas son style. Il préférera vous donner de grands coups de tête affectueux et vite repartir chercher un « trophée » qu'il déposera à vos pieds.

« (...) *Raminagrobis.* »
C'était un Chat vivant comme
un dévot ermite,
Un Chat faisant la chattemite,
Un saint homme de chat,
bien fourré, gros et gras,
Arbitre expert sur tous les cas. »

Jean de La Fontaine

« *Le Chat fut si effrayé de voir un lion devant lui, qu'il gagna aussitôt les gouttières, non sans peine et sans péril, à cause de ses bottes, qui ne valaient rien pour marcher sur les tuiles.* »

Charles Perrault

Au moment de la naissance de votre ami, le Soleil était dans le signe du Taureau

Voici un vrai matou ronronnant qui apprécie le confort et tout ce que la vie peut avoir d'agréable à lui offrir.

C'est un grand sensuel qui se transforme en un vrai « moteur d'avion » lorsque vous le caressez. Il aime également beaucoup la musique et vous est très reconnaissant du bon coussin et de la bonne chère que vous lui fournissez.

À la fois très sensible et très résistant, il peut être très entêté : s'il a décidé que le « Miaou X » est nettement meilleur que le « Miaou Z », vous ne pourrez pas le faire changer d'avis et il préférera jeûner plutôt que de s'abaisser à avaler la cuisine de cette marque « indigne » de lui !

Il est très possessif et jaloux. Malheur à vous si vous daignez vous intéresser à quiconque d'autre que lui. Dans ce cas, il fera toutes les bêtises possibles et imaginables pour que vous vous intéressiez à nouveau à lui. Très affectueux et passionné dans l'amour qu'il vous porte, il vous est excessivement fidèle et attend la même chose de vous.

Il aime beaucoup les enfants et les vôtres n'ont rien à craindre de lui ; il sait s'en faire respecter sans pour autant devenir méchant.

Si votre chat est une chatte, elle aura souvent des petits et vous la feriez énormément souffrir en les supprimant : son instinct maternel est très développé et elle a absolument besoin de s'occuper d'un petit être (un bébé chien lui conviendra très bien si vous en adoptez un).

Il ou elle mettra pas mal de temps à trouver un compagnon de jeux et d'amour mais, une fois le choix fait, vous ne pourrez le faire changer d'avis.

C'est un grand amoureux de la nature, des petites fleurs, des petits oiseaux... En revanche, il est plus adepte des grandes siestes au soleil sur votre terrasse que des grandes randonnées dans les prés avoisinants. Il a un don pour débusquer, mine de rien, les petits rongeurs et autres « animaux-jouets ».

Il a facilement l'esprit de contradiction et vous vous ferez bien plus facilement obéir de lui par la douceur et les récompenses que par des punitions ou brimades. Attention d'ailleurs de ne jamais le punir à tort car il a une bonne mémoire et est particulièrement rancunier. Il saura se souvenir de la punition injuste et se vengera dès que l'occasion se présentera.

Il est extrêmement tenace et volontaire ; il n'admet pas la défaite et, lorsqu'il entreprend quelque chose, il va jusqu'au bout. Le petit oiseau qu'il guette tous les matins ferait mieux de changer de nid car il finira par l'attraper, quels que soient les obstacles (y compris vous) : il n'est pas pressé, il a tout son temps…

Il est très franc et ne cachera pas son ressentiment à l'égard de certaines personnes et animaux qu'il n'aime pas.

Il sait très bien comment vous faire « craquer » et vous pourrez difficilement avoir le dernier mot avec lui (comment résister à ces petits coups de tête et à ses ronronnements dans votre cou ?). En revanche, si vous vous fâchez et faites semblant de ne pas comprendre son repentir, il est tout à fait capable de bouder un maximum, de ne plus manger… Bref, il vaudra mieux céder pour votre bonne entente à tous les deux ; de toute façon, dites-vous bien qu'il sera toujours plus têtu que vous !

SA QUALITÉ PRINCIPALE

La patience

Au moment de la naissance de votre ami, le Soleil était dans le signe des Gémeaux

Voici le chat « globe-trotter » : il adore se promener, découvrir de nouveaux endroits, de nouvelles têtes. L'action et le mouvement lui sont absolument indispensables pour être heureux.

Il est excessivement curieux et pas un coin de votre maison ne lui sera inconnu (attention à ne pas l'enfermer dans un placard : il adore y aller rôder et se plaît à faire la sieste au milieu de vos pulls). Ce n'est vraiment pas la peine d'essayer de lui dissimuler quoi que ce soit : il profitera d'un moment d'inattention de votre part pour découvrir ce que vous croyez bien caché.

À la campagne, il partira, sans que vous ne puissiez rien faire, à la découverte du monde et de ses habitants. Vous risquez d'avoir quelques crises de fou rire en voyant votre « petit » aux prises avec les insectes ou autres animaux aux réactions imprévisibles, jusqu'alors inconnus de lui.

Sa curiosité le place parfois dans des situations un peu précaires et, comme il est par nature assez anxieux, il vous faut veiller sur lui afin de le « sauver » dans des situations difficiles. À la campagne, vous pouvez prévoir une bonne échelle : elle vous sera très certainement utile et plus d'une fois !...

C'est un grand séducteur et vous aurez maintes fois l'occasion de le vérifier tant avec vos amis qu'avec d'autres animaux.

Il n'aime pas être seul, même s'il a besoin d'indépendance ; il agit donc en conséquence pour avoir toujours quelqu'un prêt à se dévouer pour lui.

De même lorsqu'il désire obtenir quelques friandises ou autres douceurs, vous serez très surpris de sa panoplie de parfait séducteur : ronronnements, coups de tête, yeux langoureux et léchouilles, tout est bon...

Attention néanmoins : autant il aime les caresses, autant il déteste être étouffé sous des démonstrations affectives. Il saura, d'un petit coup de patte, vous faire comprendre quand il en aura assez, si vous exagérez un peu.

C'est d'ailleurs une des raisons pour lesquelles il faut surveiller les enfants qui jouent avec lui. Même s'il est le compagnon idéal pour les jeux, car il est en effet très joueur, il déteste se sentir « étouffé ».

Il est très ingénieux et son intelligence très souple. Sa faculté de compréhension est grande, sauf s'il a décidé que ce que vous vouliez de lui ne lui convient pas.

Il est avide d'apprendre, de savoir, de connaître. En revanche, il a un peu de mal à se concentrer longtemps sur une seule chose ; guettant un oiseau, il se mettra sans problème à suivre une mouche qui vient tourner dans son champ de vision.

Il adore les grandes familles et, si vous n'êtes pas vigilant, à chaque saison, votre maison se remplira de sympathiques chatons…

« *Pour ne poser qu'un doigt dessus*
Le chat est bien trop grosse bête.
Sa queue rejoint sa tête,
Il tourne dans ce cercle
Et se répond à la caresse. »

Paul Eluard

SA QUALITÉ PRINCIPALE

L'adaptabilité

« *Le chat semble mettre un point d'honneur à ne servir à rien, ce qui ne l'empêche pas de revendiquer au foyer une place meilleure que celle du chien.* »

Michel Tournier

Au moment de la naissance de votre ami, le Soleil était dans le signe du Cancer

Voici le chat « home, sweet home ».

Il est très attaché à son foyer, à sa maison, à son entourage. Bien entendu, il est le maître chez lui, donc chez vous. Vos légitimes revendications de propriétaire et de maître en la matière ne serviront pas à grand-chose et vous devrez accepter, bon gré mal gré, que tout ce qui vous appartient lui appartient et qu'il a un droit de veto sur tout ce qui se passe chez vous. Si vous aviez un placard secret, c'est bien fini avec lui !

Il est excessivement sensible et influençable : si vous ne lui offrez pas une ambiance qui lui convienne, il sera très malheureux et ira jusqu'à transporter son domicile ailleurs, là où on le comprend, où on l'aime et où on l'admire.

Pour éviter ce drame, donnez-lui toute votre attention et tout votre amour. Il a besoin de se sentir protégé.

Il est très courageux pour défendre son territoire, son bien-être et son confort. N'ayez aucune crainte, aucun animal ne se risquera chez vous sans son autorisation ! Il accepte très bien d'aller envahir le territoire des autres, mais le sien est sacré !

Si vous désirez adopter un autre chat, mieux vaut renoncer tout de suite à cette idée. Non seulement ce petit nouveau risquerait sa vie mais, en plus, vous auriez une véritable révolution chez vous (il est inutile de vous expliquer tous les moyens de persuasion qu'il connaît, vous avez certainement déjà dû éponger des pipis de représailles).

Il acceptera un peu mieux un chien, si ce dernier n'a pas de velléités de chef et se contente du territoire que votre adorable matou lui octroiera. De temps en temps il condescendra à jouer avec lui, le temps de lui montrer que, même dans ce domaine-là, c'est lui le plus fort.

Malgré tous ces petits inconvénients, c'est un chat très attachant, très sentimental, sur qui vous aurez le dessus, de temps à autre, si vous savez jouer sur ses sentiments. Il ne peut pas résister aux gratouilles derrière les oreilles, aux mots doux que vous lui susurrez gentiment et aux compliments que vous lui ferez.

Si vous avez des enfants, il les aimera mais de façon prudente, surtout si ces derniers sont petits. Vous n'avez aucun souci à vous faire quand il est là : il vous préviendra s'il risque de leur arriver quoi que ce soit de fâcheux.

Vous aurez très souvent l'impression, malgré sa présence physique, qu'il n'est plus avec vous.

Il a une imagination débordante et, quand vous ne daignez pas vous occuper de lui ou qu'il en a tout simplement assez de ce bas monde où tout est bruit, agitation, il s'évade par le rêve. Le voilà faisant de merveilleux voyages, de fantastiques parties de chasse, à moins qu'il ne soit pacha dans un harem de petites chattes… Bref, tout ce que vous ne pouvez lui offrir, il le crée dans sa tête.

Très attiré par le passé, il adore retrouver, par hasard, ses vieux jouets, et vous le surprendrez faisant de splendides parties de jeux avec eux à un âge très avancé. Attention qu'il ne vous voie pas : dans ce cas, il redeviendrait sérieux comme un pape !

SA QUALITÉ PRINCIPALE
La sensibilité

Au moment de la naissance de votre ami, le Soleil était dans le signe du Lion

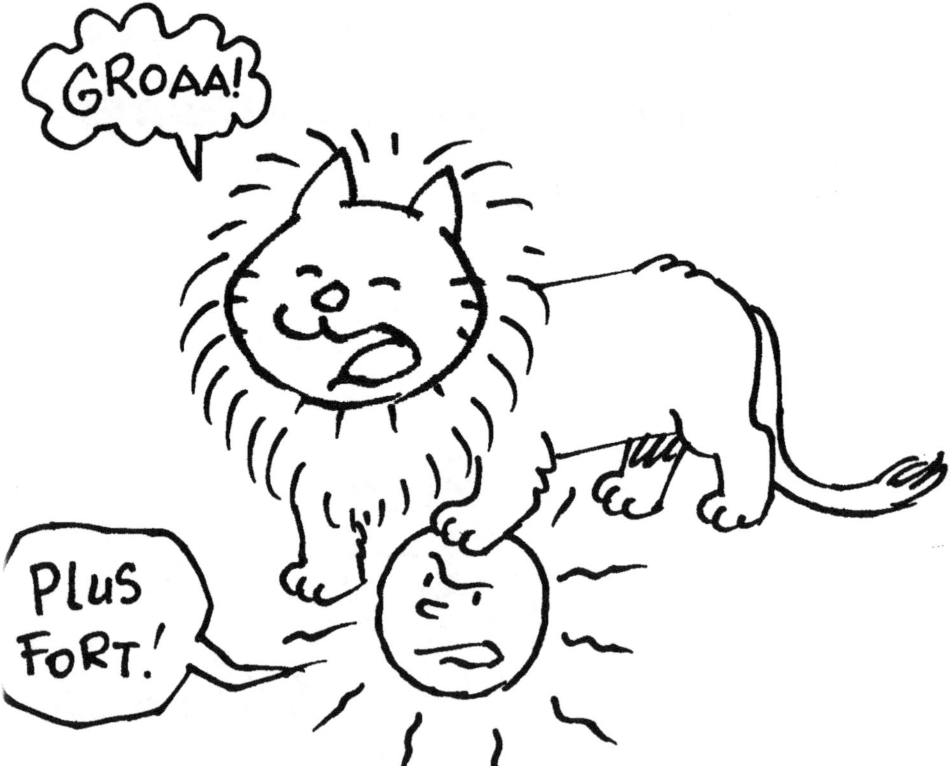
GROAA!
PLUS FORT !

Voici le chat « pacha ».

Il est royal, brillant, assez orgueilleux. Très loyal et fidèle, il a énormément besoin d'amour et d'attention.

Quand vous recevez des amis, il est le premier installé majestueusement sur votre canapé, attendant les caresses et marques de respect dues à son rang. Il vaut mieux habituer vos amis à se soumettre à ce cérémonial sous peine de représailles diverses et de bouderies excessivement tristes et désabusées.

Exigeant, autoritaire et jaloux, il se battra comme un lion pour vous défendre. Malheur à celui, animal ou humain, qui osera s'attaquer à vous ou aux vôtres : il deviendra féroce et dangereux.

Il attache une grande importance à son aspect extérieur. Il n'est pas du style à revenir couvert de poussière ou de toiles d'araignée.

Si vous désirez le faire participer à des expositions ou concours, il se prêtera de bon gré au toilettage et aux diverses obligations en résultant. En revanche, il sera préférable qu'il gagne un prix, une coupe, sinon...

Vous n'avez aucun souci à vous faire quant à ses amours. Il trouvera toujours une compagne belle, coquette, bien née et vous les verrez déambuler majestueusement côte à côte sur la terrasse de votre jardin ou dans votre salon.

Il aime beaucoup jouer avec vos enfants mais il faut faire attention que ceux-ci ne le malmènent pas, car il pourrait dans ce cas se servir très efficacement de ses griffes.

Audacieux, courageux et énergique, il peut se révéler quelque peu tyrannique.

À vous de bien lui faire comprendre qui commande et décide à la maison. Même s'il se réfugie dans un coin pour bouder et dédaigne vos caresses de réconciliation après une dispute, si vous avez été juste dans votre réprimande, il reviendra

tout seul vers vous et vous fera comprendre qu'il a pardonné
« l'énervement, le moment d'égarement » dont vous avez fait
preuve à son égard !

Il a une confiance aveugle en vous et supporterait très mal que
vous le trahissiez.

Si vous désirez adopter un autre animal, chat ou chien ou si
vous devez avoir un bébé, expliquez-lui que vous avez choisi
d'agrandir la famille et que vous comptez sur lui pour vous
aider dans ce surcroît de « travail ». Sa jalousie tombera
d'elle-même et il ne saura quoi faire pour vous montrer qu'il
accepte loyalement ce « concurrent » et est prêt à tout faire
pour que le nouveau venu se sente heureux chez lui, sous sa
protection.

Très confiant en lui-même, il daignera parfois se commettre
dans la chasse aux oiseaux ou aux souris. Bien entendu, il
déposera à vos pieds le butin de cette chasse et sera très vexé si
vous vous récriez d'horreur devant ces trophées.

Voilà, si vous avez compris son besoin de marques de respect, vous aurez un matou très affectueux, ronronnant et câlin : un vrai rêve.

« *Je souhaite dans ma maison :*
Une femme ayant sa raison,
Un chat passant parmi les livres,
Des amis en toute saison
Sans lesquels je ne peux pas vivre. »

Guillaume Apollinaire

SA QUALITÉ PRINCIPALE
La loyauté

Au moment de la naissance de votre ami, le Soleil était dans le signe de la Vierge

Voici le chat « précieux ».

Il est en effet très attaché à son apparence extérieure : c'est certainement le chat qui passera le plus de temps à sa toilette. Il déteste avoir l'air « négligé » et est obnubilé par la propreté.

Si vous lavez vos sols à l'eau de javel, vous le verrez se frotter par terre, essayant de s'imprégner au maximum de cette odeur. De même, vous le retrouverez souvent faisant la sieste sur vos piles de linge propre.

Inutile de vous dire que son coin repas et sa caisse doivent toujours être impeccables et qu'il videra, sur vos sols, en guise de représailles, le gravier ou la sciure que vous aurez omis de remplacer dans son bac et fera la grève de la faim plutôt que de manger dans un plat « douteux ».

Sa compagne devra répondre aussi à ces critères de propreté et de bonne éducation.

C'est un grand timide, très pacifique qui, méfiant, n'accorde pas sa confiance à tout le monde. Une fois celle-ci accordée, il est prudent de ne pas le décevoir : il se rendrait malade à force d'être malheureux.

Il est assez craintif, quoique très adroit et débrouillard. Il obtient d'ailleurs beaucoup plus de choses par la ruse et la diplomatie que par des démonstrations de force.

Ne craignez rien, il n'a nullement envie d'être le chef des chats de votre quartier, d'autant plus qu'il n'a pas une passion particulière pour l'extérieur : il préfère de beaucoup les coussins de votre canapé ou tout simplement vos genoux.

Bien qu'il le cache, c'est un grand sensuel que vous verrez fondre sous les caresses. Et comme il a toujours peur de ne pas être aimé, inutile de vous dire l'importance qu'il attache à toutes les manifestations d'amour que vous pouvez lui prodiguer.

Ne vous étonnez pas de retrouver dans son panier toutes sortes de choses : c'est un collectionneur-né, cela le rassure d'avoir plein de jouets, gâteaux, etc.

Il sera le confident idéal de vos enfants : il saura les consoler (comme il le fera pour vous aussi d'ailleurs), jouer avec eux et se retirer sans rien dire quand les parties de jeu deviendront trop « dures » à son goût. Il ne griffe pas : il abandonne le terrain avant de devoir commettre l'irréparable.

Il est très intelligent et capable de discernement et de logique. Quand il entreprend de faire quelque chose, il a tout son temps : rien ne sert de courir avec lui, il vaut mieux réfléchir. S'il a décidé d'attraper ce petit poisson qui le nargue dans son bocal, vous avez tout intérêt à faire très attention car il trouvera la solution pour y arriver et vous étonnera par son action.

Pour vous prouver son amour, il est capable des plus grands sacrifices (il ira même jusqu'à jouer les « chats savants » si vous le lui demandez) et, en échange, ne vous demandera rien d'autre que votre amour.

Soyez chic, pensez à le caresser, à le complimenter souvent, et vous aurez ainsi le chat le plus heureux de la terre.

SA QUALITÉ PRINCIPALE
Le dévouement

Au moment de la naissance de votre ami, le Soleil était dans le signe de la Balance

Voici le chat « beauté ».

Il est très attaché à son apparence extérieure et passe de longues heures à sa toilette.
Il sera très flatté que vous le fassiez participer à des expositions ou concours de beauté. Bien entendu, il sera merveilleusement heureux si une récompense vient couronner son exhibition.

Il adore être admiré et peut faire preuve de snobisme à l'égard des personnes ou animaux qui ne savent pas manifester assez d'enthousiasme à son apparition.

Malgré ces actes de narcissisme, il est très attaché à vous, à votre famille. Affectueux et paisible, doux et aimable, il déteste les querelles, les conflits ; il a besoin d'harmonie autour de lui pour être heureux.

Ne vous étonnez pas, si vous grondez vos enfants, de l'entendre miauler tragiquement. Inutile de vous décrire le cinéma qu'il vous fera si c'est lui la cible de votre colère : vos voisins auront l'impression que votre petit est martyrisé ; il saura d'ailleurs les conforter dans cette opinion si vous le laissez sortir se plaindre à autrui !

Ses goûts en matière culinaire sont très délicats et il préférera très certainement la bonne cuisine que vous lui préparerez avec amour à toutes les boîtes, aussi bonnes soient-elles.

C'est un grand adepte du farniente, et vous le retrouverez très souvent en train de se prélasser sur votre fauteuil ou, mieux encore, sur les genoux de ceux de vos invités qu'il a décidé de charmer.

Il adore qu'on l'apprécie et sait y faire pour se faire aimer. Même les plus réfractaires à la gente féline n'y résisteront pas. Très subtil, il est d'une habileté redoutable pour obtenir ce qu'il désire. Il vous sera impossible de résister à sa panoplie de charme.

Il vous surprendra énormément par ses très vives réactions si quelqu'un menace sa tranquillité ou la vôtre. Vous le verrez se transformer en vrai « chat sauvage » dans ces cas-là et inutile de vous expliquer la rapidité de ses réflexes. Vous n'aurez pas le temps de dire ouf ! que l'ennemi sera terrassé.

Par moments, vous aurez l'impression que l'on vous a changé votre adorable matou. De doux et calme, il se transformera en une vraie tornade : ce n'est rien, il s'est découvert une nouvelle marotte, un nouveau jeu et il redeviendra lui-même aussi vite qu'il aura changé.

Il est très démonstratif dans l'affection qu'il vous porte et passera beaucoup de temps à vous « câliner ». Il ronronne de plaisir quand vous le félicitez et, rien que pour cela, est capable de passer des heures sur vos genoux ou sur vos épaules.

Il vous est d'une fidélité à toute épreuve mais refuse absolument d'être un chat objet.

« Viens, mon beau chat,
sur mon cœur amoureux ;
Retiens les griffes de ta patte,
Et laisse-moi plonger
dans tes beaux yeux,
Mêlés de métal et d'agate. »

Charles Baudelaire

« Il est le Chat qui s'en va tout seul et tous lieux se valent pour lui. Alors il s'en va par les Chemins Mouillés du Bois Sauvage, sous les Arbres ou sur les Toits, remuant la queue et tout seul. »

Rudyard Kipling

SA QUALITÉ PRINCIPALE

La sociabilité

Au moment de la naissance de votre ami, le Soleil était dans le signe du Scorpion

Voici le chat « tigre ».

Il vous est très attaché et excessivement jaloux de votre amour ; même s'il a une apparence très réservée, il ne faut pas vous y fier : il est jaloux comme… un tigre.

Il exige de vous une attention constante et ne verra pas d'un bon œil les attentions que vous porterez à qui que ce soit d'autre. Inutile de vous expliquer les mesures de représailles dont il est capable (pipis contre vos fauteuils —en vous regardant froidement dans les yeux— mise à sac de vos placards…), vous avez déjà dû « tester » ces mesures de rétorsion !

Il est assez angoissé et anxieux.

En fait, il ressent de façon instinctive et très profondément les gens et les choses. Ne vous étonnez pas qu'il boude certaines personnes et, au contraire, prêtez attention à ses antipathies : il se trompe rarement. Rien ne l'amadouera : ni caresses, ni sucreries, si les personnes qui les lui fournissent sont des personnes mauvaises ou qui n'aiment pas réellement les chats.

Il a tendance à rechercher les rapports de force, que ce soit avec vous — il n'apprécie pas du tout l'autoritarisme et vous le prouvera de diverses manières, pas toutes agréables — ou avec ses congénères.

Il a besoin de s'imposer et ne recule pas devant la force pour le faire. Il est très volontaire, combatif, aucun obstacle ne le rebute ; vous avez d'ailleurs déjà dû soigner des bobos, conséquences de sa prise de pouvoir sur les autres chats du quartier !

Il est d'une curiosité insatiable et aucun recoin de votre maison ne lui sera inconnu. Même si vous tenez enfermées certaines choses, sa ruse est telle qu'il arrivera à ses fins.

Il est d'une malice déroutante et vous serez plus d'une fois amené à vous pincer les lèvres pour ne pas rire de son manège.

Il est très intelligent et perspicace et saura très bien ressentir vos états d'âme. Il sera d'une douceur merveilleuse s'il vous sent triste et viendra ronronner à qui mieux mieux dans votre cou pour essayer de vous faire retrouver le sourire.

Très sensuel, il adore qu'on le caresse, qu'on le gratouille, mais attention : quand il est en colère, ne vous y frottez pas, il a la griffe rapide. Il apprécie aussi beaucoup la bonne cuisine.

Si vous savez accepter ses besoins d'évasion pendant les périodes « chaudes », il reviendra vers vous tout sucre, tout miel, avec ou sans sa dulcinée du moment, pour se faire pardonner ses fugues.

En fait, si vous savez être à la hauteur de son affection, vous aurez le plus merveilleux chat de la création, le plus passionné, l'amoureux le plus inconditionnel de votre personne.

Que demander de plus ?

SA QUALITÉ PRINCIPALE

La ténacité

Au moment de la naissance de votre ami, le Soleil était dans le signe du Sagittaire

Voici le chat « voyageur ».

Il adore, en effet, se balader, découvrir de nouveaux horizons, de nouvelles têtes.

Si vous êtes appelé à changer souvent de domicile, il en sera très heureux : encore un nouveau lieu à découvrir...

Bien entendu vos placards ne recèlent plus aucun secret pour lui, de même que votre grenier ou votre cave... Inutile de dire que, si vous possédez un jardin, il sera plus souvent dehors qu'au coin du feu.

Et cela d'autant plus qu'il déteste l'inactivité, qu'il a une très grande vitalité et a besoin de mouvements, d'exercices. N'essayez pas d'en faire un chat de salon, il en serait malheureux. En revanche, si vous êtes dans une région à mulots et autres petites bêtes du même style, vous avez là le chat idéal pour les mettre en fuite.

Malgré tous ces désirs d'action, il éprouve parfois le besoin de rêver, de s'évader par la pensée, de se reposer aussi par moments, car il présume de ses forces et vous le surprendrez donc allongé sur vos coussins.

Il est assez cyclothymique ; aussi ne vous effrayez pas si, certains jours, il vous semble morose. Dans ces cas-là, achetez-lui un petit jouet : cette nouveauté lui redonnera le goût de « vivre ».

Et espérons que vous adorez jouer car rien ne saurait lui faire plus plaisir dans ces périodes-là que de se « dépenser » avec vous.

Il peut être très malheureux s'il sent que vous ne comprenez pas ses désirs, si vous n'êtes pas à son écoute.

Bien entendu, si vous le grondez, il sera le plus grand incompris de la terre entière et vous le fera savoir avec force miaulements outragés.

Très généreux, il acceptera sans problème de partager sa maison avec un autre animal à la condition, bien sûr, que vous ne le délaissiez pas pour l'autre. Il lui est absolument nécessaire de savoir que vous l'aimez et qu'il vous est indispensable.

Ses sentiments à votre égard sont passionnés et il vous démontrera en permanence son amour. À vous les grands coups de tête, les câlins dans le cou, les ronrons : un vrai rêve !

Il respecte toujours les règles que vous lui imposez mais essayera par son charme, et il sait y faire, de vous les faire abandonner.

Il est parfois donc assez indiscipliné, mais comment lui en vouloir ? Il est si sympathique...

Son enthousiasme et sa jovialité lui attirent énormément d'amis. Il est le contraire d'un chat solitaire ou agressif. Ses conquêtes disséminées dans votre jardin ou sur le pas de votre porte vous le confirmeront assez, si besoin était.

Personne ne résiste à son charme et il le sait bien, le coquin :
il en joue !

« *Quand il s'est bien lissé, gratté,*
Pris la queue et vu dans la glace,
Après ses tournements sur place
Et ses petits sauts de côté,
Il tète avec avidité. »

Maurice Rollinat

SA QUALITÉ PRINCIPALE

La bonté

Au moment de la naissance de votre ami, le Soleil était dans le signe du Capricorne

Voici le chat « penseur ».

En effet, il s'isole dans ses pensées, dans ses rêves. Vous le verrez souvent les yeux perdus dans le vague : il est parti dans un rêve, dans un « long voyage ».

De ce fait, il préfère très nettement les personnes tranquilles aux enfants trop bruyants et enthousiastes. Ce qui ne veut pas dire qu'il n'aime pas les enfants : il les aime, mais prudemment, d'assez loin et saura disparaître quand leurs jeux risquent de devenir trop mouvementés pour lui.

Il est excessivement sensible mais, réservé et timide, il réfrène ses sentiments et vous vous demanderez parfois s'il tient à vous.

En fait, il vous est très attaché mais a peur de se voir rejeté et, comme il est très fier, orgueilleux, il ne veut pas se trouver confronté à un refus de tendresse de votre part. Ce sera donc à vous d'aller au devant de ses désirs. N'ayez pas peur de lui faire trop de caresses et de compliments : il en a un besoin vital, d'autant plus que vous le rassurerez ainsi sur l'amour que vous lui portez et dont il n'arrive jamais à être sûr.

Il est très intelligent ; son intelligence fait preuve de prudence, de réserve et de précision. Il a tout son temps quand il entreprend quelque chose. Il peut rester des heures à guetter une proie. On le croirait endormi tellement il ne bouge pas ; il se transforme en statue et le petit oiseau ou l'objet de sa surveillance s'y laissera prendre.

Très consciencieux, il sait assumer les tâches que vous lui fixez. Si vous êtes dans une région où se trouvent plein de mulots et autres petites bêtes, ne vous faites pas de souci : il en viendra facilement à bout. Et, comme il est très modeste, vous ne risquez pas de retrouver sur votre tapis les trophées de sa chasse.

Il a une très grande force de caractère et beaucoup de ténacité et de puissance. Il sait inspirer le respect et, dans une bagarre avec les chats du voisinage, il n'abandonnera pas un pouce de terrain, quitte à y laisser sa peau. Vous avez certainement déjà soigné ses blessures, conséquences des délimitations et marquages de son territoire.

N'ayez aucune crainte quant à ses conquêtes : une fois la petite chatte idéale trouvée, il lui sera fidèle et sera heureux de l'amener chez vous.

Vos amis l'apprécieront énormément car il est très simple, discret et sait gentiment leur souhaiter la bienvenue chez vous : un petit coup de tête sur la jambe, un léger frottement… Rien d'intempestif, juste ce qui est nécessaire pour leur faire savoir son contentement de les revoir.

En revanche, si quelqu'un lui a fait du mal, il se vengera un jour ou l'autre car il a une excellente mémoire et est très rancunier.

Voyez, sous ses airs distants et secrets, vous avez là un merveilleux chat qui ne demande qu'à ronronner sur vos genoux, qu'à faire plein de caresses pour vous prouver son amour. Bien sûr, c'est tellement mieux quand vous êtes seuls tous les deux… pas de rival, personne pour vous détourner de lui, mine de rien, c'est un grand jaloux…

SA QUALITÉ PRINCIPALE
La persévérance

Au moment de la naissance de votre ami, le Soleil était dans le signe du Verseau

Voici le chat « copain ».

Il est en effet très amical, très sociable et très sympathique. Il adore être entouré de monde et, plus votre maison sera ouverte, plus il sera heureux.

La solitude serait la pire des choses pour lui. Aussi, si vous devez le laisser seul la journée, ouvrez-lui une fenêtre afin qu'il puisse aller voir ses copains chats quand vous n'êtes pas là. À moins que vous ne préfériez adopter un autre chat avec qui il pourra jouer…

Avec vos amis, il fera des numéros de charme étonnants : pas un ne pourra lui résister quand il aura entrepris sa conquête. Vous non plus d'ailleurs.

Très curieux, vous pouvez être sûr qu'aucun recoin, qu'aucun placard de votre maison ne lui est inconnu. Il adore farfouiller, découvrir de nouvelles choses, même si au début, prudemment, il les examinera de loin ; il vous surprendra plus d'une fois avec des « tours » inédits.

Il a un petit côté désordonné et il est d'une créativité rare en manière de jeux. Ceux-ci ne seront pas forcément toujours à votre goût mais comment arrêter un créateur ? En revanche, que de crises de fou rire en perspective. Comment rester sérieux quand vous verrez votre adorable matou aux prises avec un lézard, un papillon, une mouche, votre aspirateur… toutes ces choses qui bougent sans arrêt.

Parfois nerveux et obstiné, il peut avoir des petites manies, des obsessions et toute votre diplomatie ou votre autorité n'y changeront rien s'il a décidé que telle ou telle chose n'est pas digne de lui. Même si la publicité explique que la marque X est celle que des chats difficiles préfère, lui ne sera pas forcément du même avis et vous aurez beau le lui expliquer de toutes les manières, rien n'y fera.

De même, il aime bien agir à sa guise et vous aurez parfois des difficultés à le faire obéir. Il est très indépendant et ne comprendra pas que vous vouliez limiter ses actions, ses prérogatives ou son domaine.

Il est également sujet aux changements d'humeur et, si vous avez des enfants, apprenez-leur à reconnaître rapidement les symptômes de ces changements.

Beaucoup plus amical que sentimental, il prodigue à tout le monde, animaux ou humains, des marques d'affection très enthousiastes, très bruyantes. Vous aurez d'ailleurs l'occasion de connaître nombre de ses fiancé(e)s.

En revanche, lorsque vous êtes en tête à tête avec lui, c'est la passion. Il vous adore et sait le montrer, le prouver. En échange, il attend de vous que vous soyez à la hauteur de son amour, de l'idéal que vous représentez pour lui : aussi ne le décevez pas, il en serait horriblement malheureux.

« L'enfance protégée est
le luxe des êtres protégés :
le chat sauvage ne ronronne
plus dès qu'il a atteint l'âge
adulte. »

Claude Roy

« *Je me retournai, et j'aperçus un gros chat noir et couleur de feu. Comment était-il entré? c'était impossible à dire; mes portes et mes fenêtres étaient closes. Il fallait qu'il eût été enfermé dans la chambre pendant la journée.* »

Alexandre Dumas

SA QUALITÉ PRINCIPALE

L'altruisme

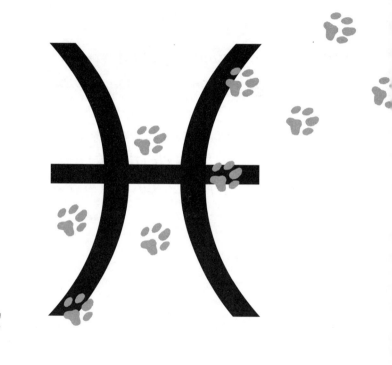

Au moment de la naissance de votre ami, le Soleil était dans le signe des Poissons

Voici le chat « médium ».

Il est en effet très sensible aux ambiances, très intuitif. S'il fait grise mine à certains de vos amis ou connaissances, fiez-vous à lui : il se trompe rarement dans ses jugements sur les personnes. De même, s'il refuse de rentrer dans une maison ou d'aller dans certains endroits, ce n'est pas sans raison.

En revanche, quand il aime ou apprécie quelqu'un, il déploie une panoplie complète de mimiques, frottements, coups de tête, ronronnements... pour que l'on tombe sous son charme. Il semble d'ailleurs impossible de lui résister.

Si vous avez une attirance quelconque pour les jeux de cartes, les tarots... vous le verrez s'approcher de vous et observer de toute sa hauteur les jeux que vous avez sortis et que vous étudiez ; peut-être essaiera-t-il de mélanger votre jeu ou de se coucher dessus, un peu comme s'il n'y avait que lui qui connaisse vraiment ces sujets, leurs règles et qu'il ne comprenait pas très bien pourquoi vous essayez de faire une chose dans laquelle il excelle sans faire appel à lui.

Il est très émotif, très dévoué et généreux. Il est toujours prêt à se sacrifier pour autrui et acceptera donc sans trop de problèmes un autre animal chez lui. Il pourra d'ailleurs ramener lui-même chez vous une minette en détresse sur laquelle il aura craqué.

En revanche, il aura besoin de sentir que vous l'aimez autant et qu'il n'a rien perdu de sa situation d'avant. Il a le sens du territoire mais sait partager. Attention quand même à ne pas trop lui en demander car, à force d'abnégation, il deviendrait très malheureux.

Il ressentira très bien vos états d'âme et sera merveilleux avec vous lorsqu'il vous sentira en peine ou malade. Dans ces moments-là, vous regretterez vraiment qu'il n'ait pas la parole car visiblement il semblera être le seul à pouvoir vous comprendre et vous aider.

Il n'aime pas la lutte et il y a très peu de chances que vous le voyez se bagarrer pour quoi que ce soit mais, s'il est acculé à faire face, il peut devenir féroce et dangereux.

Il est visiblement plus attiré par vos canapés et autres endroits confortables que par des balades dans la campagne.

Une chose le fascine, c'est l'eau. Il peut rester des heures à regarder un robinet qui goutte ou la pluie qui tombe. Il y a aussi toutes les chances pour qu'il vienne s'installer sur le rebord de votre baignoire quand vous prenez un bain et si, par hasard, c'est un bain moussant, vous serez aux premières loges pour le voir s'amuser comme un petit fou avec les flocons de mousse. Gageons que vous prendrez dorénavant plus souvent des bains que des douches, rien que pour le plaisir de le voir jouer.

Bienveillant, quand il sent qu'il gène, il ira tranquillement dans son petit coin pour rêver ; il n'est pas du style à rester dans vos jambes quand il sent que cela chauffe !

Il vous aime tellement qu'il ne vous en voudra pas (trop) si vous oubliez son heure de repas. Il vous regardera avec des yeux très tristes, mais sans rancune. Rachetez-vous en lui faisant un maximum d'excuses et de caresses. Et comme c'est un amoureux romanesque qui a le sens du sacrifice et du pardon, il oubliera ce mauvais moment.

SA QUALITÉ PRINCIPALE
Le dévouement

Achevé d'imprimer en décembre 2008
par l'Imprimerie Floch à Mayenne
Dépôt légal : janvier 2009
Numéro d'éditeur : 10379
Numéro d'imprimeur : 72724

Imprimé en France